AF576251

La source de Pégase

Lauriane Malo

La source de Pégase

Recueil

LE LYS BLEU
ÉDITIONS

ISBN : 979-10-422-1905-5

À toi, pour qui je m’efface comme
une voile légère sur ton horizon

Les mots

Il y a les mots qui libèrent
Et les mots qui oppriment
Il y a ceux que l’on espère
Et puis ceux qu’on exprime…

Le train

De ses bouches géantes
Il régurgite inlassablement
Des marées mouvantes
De ses éternels passants.

Sur les quais ainsi déversés
Se presse la foule ondulante
Dans son chaos organisé
S’échappe assourdissante.

Océan

La rivière ne s'essouffle donc jamais
Elle ne faiblit pas en ton absence
Elle court vers toi de toutes ses forces
Poussée par l'attente
De s'unir à toi…

Aime-moi

Chaque mot porte en lui la tendresse,
Quand en silence je t'adresse
Mon cœur imprudent
Ivre de tes promesses
Et de nos légendes d'enfant.

Insensé

Quel sens porte nos jours
Eux qui toujours épousent la nuit
Que n'a de sens l'amour
Lui qui toujours au réveil s'enfuit.

Et je n'aime que le printemps
Pour les espoirs qu'il défend
Et je ne comprends l'hiver
Qui jaloux de sa terre
La dénude pour la couvrir
Dérobe ce qu'elle peut offrir
Et par un long manteau blanc
L'accapare et puis la rend.

La peur de perdre

J'avais peur de t'aimer
Car en t'aimant, j'aurais eu peur de te perdre
Alors je t'ai perdu
Pour ne pas avoir à t'aimer.

Chanson de toi

Chaque chanson tord mon cœur
Elles qui parlent de toi
Chaque son a en lui la couleur
D'un fragment de tes bras.

Par audace, elles coulent les souvenirs
Dans un moule qui ne peut les contenir
Et déborde inéluctablement
De ce corps effervescent.

Ceux qui se meurent

La « politesse du désespoir »[1]
Et les largesses du malheur
Comme se prévalent d'un encensoir
Pour masquer ceux qui se meurent.

[1] Citation de Chris Marker au sujet de l'humour.

Silencieux langage

Qu'entend ce monde
De notre silencieux langage
Des vagues que sont nos ondes
De tout ce que me dit ton visage
Par ses traits, ses paysages.

Et loin de leur sonore verbiage
Toi tu m'en disais des choses
Entre leurs sons, notre symbiose
Est mon plus précieux vacarme.

Ta mélodie pleine de charmes
À travers le temps et l'espace
Les messages qu'elle passe
Surplombent tous les mots creux
Des crétins bienheureux.

La paix fragile

Est-ce que la paix se voit par le temps vidée de sa substance ?
Est-ce que la liberté ne se définit qu'en son absence ?
Est-ce que le NON vaut le prix du sang ?
Si la paix vient après la guerre, la guerre vient-elle toujours après la paix ?

Éternelle Babylone

Où es-tu Constantinople ?
Toi qui semblais promettre la réunion des richesses de l'Orient et de l'Occident
Tu as du mal à cacher ta misère sous des voiles trop longs
Laisses-tu se noyer ta gloire d'antan ?

Ne ferme pas tes yeux sur les larmes et le sang
Soulève-toi, éternelle Babylone
Et prends le chemin de Téhéran.

Le meurtre

Pour une nuit en enfer
La violence de ta bouche
L'innocence de tes yeux
Et ce meurtre incompris…

Risible misère

Que ma verve est stérile
Quand si loin de ton cœur
De nos amours juvéniles
Maintenant sans ardeur…

Se perd encore perfectible harmonie
De notre plus qu'humaine fusion
Ton visage est une douce nostalgie
Où demeurent inscrites nos passions.

Que n'a de sens la vie
Si elle ne chante en ton nom ?
Même la misère est risible
Si elle ne pleure pour tes yeux
Et mon sang si faillible
S'il ne coule pour nous deux…

Quitter le firmament

Ce fut un amour si fort et si certain
Qu'il m'éleva au-delà des doutes des mortels
Ivre, la vanité étreint
Les souvenirs des désirs charnels.

Passé, me voici humble à genoux
À rencontrer les tourments
Familiers de chaque fou
Quittant le firmament.

Petite mort

Pour que la mort n'ait plus rien à me prendre
Bien après la fin, je ne cesserai d'attendre
Et pour que la mort ne me blesse
Je me tiendrai là où tu me laisses
Et pour que la mort ne me trompe
Je tisserai des liens qui ne s'estompent.

Sur notre passion triste qu'elle n'ait de prise
Qu'elle nous effleure doucement, telle une brise
Car les enfers brûlent avec moins d'ardeur
Que notre amour incandescent et ravageur.

Diable bien-aimé

Ô diable bien-aimé
Viens voler mon souffle
Que je ne puisse en user
Que mon torse ne se gonfle
Pour les désirs à payer.

Prive-moi de cet air
Que je ne saurais tempérer
Par les joies éphémères
Que je viendrais à préférer.

Délivre-moi de ce vent
Qui m'amène à virer
Au gré des sentiments
Et des aveux déguisés.

La fantaisie

J'ai lu une fantaisie dans tes yeux
Ou était-ce un reflet des miens ?
Un instant une lubie pour deux
L'effleurement de ma main
Surpris un regard qui s'attarde
Bercé de violentes pensées
Comme tes joues qui se fardent
Quand tu me demandes
« je t'ai manqué ? »

Les couleurs des passionnés

Je veux vivre dans une poésie
Des draps blancs et des rideaux entrouverts
Je veux goûter à cette vie
Le mets des dieux dans ma cuillère.

Je veux caresser des pétales du bout des doigts
Déposer mes baisers au creux de toi
Peupler de rêves fous mes nuits sans fin
Et savourer ton reflet flou chaque matin.

Je veux des rayons chauds gâter mes joues
Et des ruisseaux me chantonner
Que seront au rendez-vous
Toutes les couleurs des passionnés.

En ton absence

Tout ce qui fleurit en ton absence
Des camaïeux aux reflets pâles
Des tons pastel sans nuance
Des nuanciers de fins pétales
Une langueur parfois des sens
De la douceur au goût d'ennui
De la tendresse comme léthargie
Et puis, le manque duquel on jouit.

L'unique drame

Te perdre sera l'unique drame de ma vie
Rendant tout autre malheur bien trop petit.

Oui, il y aura des volcans en éruption
Il y aura des déserts arides à traverser
Mais bien trop peu d'émotions
Pour que des larmes y soient versées.

Il y aura des deuils et des au revoir
Il y aura tous les regrets et les pieux espoirs.

Mais demeurera le seul drame de mon existence
Ce jour, où tu as choisi l'absence.

Les filets maudits

Si je te hante encore
Et je borde tes nuits
C'est qu'il semble alors
Que le jour tu me fuis
Tu serais pris encore
Dans mes filets maudits.

Leur visage semble singulier
Mais quand tes paupières s'abaissent
C'est le mien, sur ton oreiller
Et que cela te suit, et que cela te blesse
Tu ne peux en réchapper.

Enlacer ton oubli

Je cherche ton regard dans leurs yeux
Ton sourire sur leur bouche
Et ton cœur amoureux
Dans des bras inconnus
Que je les blesse, que je les touche
Si j'y suis parvenue.

Puis usés et trahis
Tant d'amour pour un déni
J'ai juré tous les hommes pour ta perte
J'ai arraché des armes et des cœurs pour un seul maître
S'approcher un instant de notre paradis perdu
Il vaut tous les prix, mon disparu.

Pour un Empire perdu
Bien des conquêtes
Toutes les folies, les ignominies.

Tu les condamnes par ta faute
Tu les pousses dans mes bras
Pour qu'ils enlacent notre douleur.

La loi du talion

À notre guerre éternelle
La violence a ses raisons
Que la raison oublie.

À mon amour intemporel
Qui fuit sa passion
Où sa passion le poursuit.

Unissons les armées
De nos cœurs en rébellions
Choisissons l'embrasée
À cette loi du talion.

Repos soldat
Je n'ai que les maux de ta lutte.

Le voyage

Les mots se sont tus
Ses lèvres sur ma bouche les étouffent
Les mots ne sont plus
Quand ses mains me caressent et me touchent
Sa présence t'efface
Le voir est nous trahir
Tout ce que nous avions cru être
Des âmes qui s'enlacent
Ou des érudits.

Ses yeux me proposent un voyage
Vers un paysage où tu ne résides.

Lâche ma main je m'envole
Mon amour, laisse-moi portée par Éole.

L'ennui

Un jour viendra l'ennui
Lui aujourd'hui réconfort
Un jour viendra l'envie
De vivre à nouveau bien plus fort.

Des déserts sans secours

Il se serait tué pour toi
Et aujourd'hui tu te tiens devant
Devant lui, à mon bras
Devant ce puits béant
D'innombrables blessures
Parchemins témoins
De l'enfer des augures
Qui annoncent la fin
Que noircissent les murs
Qui enserrent le souffle court
Des préludes aux chants des cieux
De ce cœur comme un tambour
Des harmonies au fond des yeux.

Il y a des déserts sans secours
Peu importe aux amoureux.

Sans condition

Je te laisserai ma vie
Sans termes ou conditions
Je te laisserai ma vie
Quoique tu en fasses
Quelles que soient tes raisons.

Trahison

Par deux couteaux dans mon cœur, me voilà vieillie
Par trop peu, la loyauté se voit chérie
Que valent les luttes, que valent les pleurs,
Face à ton dos tourné ?
Que je trépigne ou que je meure
Tu ne pourras en témoigner.

Les plafonds érigés trop haut
Se voient tomber
Les estimes des sots
Se voient trompées.

Il y a des peines trop inaudibles
Ces maux-là sont susceptibles.

L'indifférence des êtres chers
Est une torture sans égale
Et triste sort, non condamnable
Alors je m'écarte, je détale
Loin des feux
Panser des plaies, jamais létales.

Le duel

À l'abri des tirs
À l'abri des feux
Donne congé à mon cœur
Ou défie-le !

Le marié

Il y a du cynisme dans les « je t'aime »
Et du dédain dans les toujours
Quant au vent tu les sèmes
Tes idées de l'amour.

Aujourd'hui, vers l'autel
Tu marches de ton pas sûr
Quand de quelques décibels
Tu graves ton futur.

Hier à mon bras
Aujourd'hui à ses côtés
Tu ne sais bien pourquoi
Ni à quel sein se vouer ?

L'erreur est sûrement mienne
Quand je refuse que cela ne tienne
Qu'aux capricieux courants
Ou aux humeurs des vents.

Tu parlais des projets
Auxquels tu tiens tant
Ce que je ne savais
C'est que ne t'importe le sang
À qui mêler le tien, pour tes futurs enfants.

Tué pour nous

Au sanctuaire des souvenirs
Il y en a que je chéris,
Ils portent ta bouche qui sourit
Et se rêvent d'être à venir.

À la gloire des cœurs morts au combat
Le mien fut brave, le mien fut roi
Tombé, roué de coups
Mort pour toi, tué pour nous.

Vent de mon âme

Et si le ciel connaissait mon cœur
Les vents viendraient à toi
Ils souffleraient des heures
Pour que tu y perçoives ma voix.

S'ils avaient vent de mon âme
Les forêts s'embraseraient
Pour que me parviennent les flammes
Qui à elles seules réchaufferaient
Le froid glacial de ton absence
Et les déserts blancs de ton silence.

Le ciel rose

Mon amour,
Le ciel est rose
Et la vie est douce
Mon amour
Le ciel est doux
Et la vie est rose
Je sais que tu m'aimes.

Le rouge aux joues

Si le rouge me va si bien
C'est qu'il ne monte à mes joues
Seulement pour toi, sinon pour rien
Devant toi, ce cœur à genoux.

Ton infirmière encore un soir,
Près de toi, tout à un goût d'avant
Et je m'abandonne au désespoir
Quand je te vois, déjà si grand.

Laisse-moi prendre ta souffrance
Laisse-moi porter ta peine
Malgré tes remontrances
Loin de toi, je les emmène.

Le pianiste

Et si tu jouais du piano
Peut-être autoriserais-tu ton cœur à chanter ?
Et si tu vivais au château
Prendrais-tu ma main pour valser ?

Si tu jouais du piano
Tu dompterais mon âme
Tu domestiquerais notre flamme
Tu abandonnerais les mots
Si tu jouais du piano.

Mes mots pour toi

Mes mots pour toi
De ma bouche à ton âme
De toi à moi.

Ton rempart

Tu caches tes yeux quand je pars
Tout en attendant mon retour
Est-ce pour toi, un rempart
Qui repousse l'amour ?

Est-il inusable à l'épreuve du temps ?
Insensible aux rêves des enfants ?

Crois-tu la vue plus jolie du donjon,
Que depuis la foulée des soldats
Te crois-tu à l'abri des soupçons
À demeurer loin de moi.

Figé derrière la roche
À l'abri des assauts en approche
T'empêches-tu ainsi de grandir,
De peur que je n'aime ton devenir ?

La part du risque

Il y a des risques que l'on ne prend jamais
On hésitera toujours, sans y aller tout à fait.

Il y a des portes que l'on n'ouvre jamais
On regarde par la serrure, on devine à peu près.

Il y a des monts que l'on admire de loin
On les invente un peu, quand on ne les voit pas bien.

Il y a des horizons qu'on ne peut saisir parfois,
Ce qui est beau est loin et ne nous atteint pas.

Puis il y a ton sourire tant rêvé
Et trop de peur de l'abîmer.

Le compagnon

Ton manque me tient compagnie
Loyal et fidèle comme une douce nostalgie
Presque belle, avec tendresse elle me berce
Et je ne peux chavirer tant qu'elle ne cesse.

Toutes les rues portent ton nom
Où que j'aille, tu es ma maison.

Tu es ce qui me précède et me termine
Et Dieu seul sait, à quoi ça rime !

Avec toi

Il n’y a que des déserts sans toi
Et mon souffle en suspens
Même quand tu l’ignores, je suis avec toi
Et toujours, j’espère, tu m’entends.

Le départ

Le froid si soudain avait fait de tes lèvres, mille éclats
Il s'était imposé à nous comme tu t'imposes à moi
Tes mots si confus convergeaient en un sens
Comme des appels à l'aide éclectiques que l'on lance
Et je te communiquais mon départ imminent
Et le vert de tes yeux se mit à perler, et pourtant,
Je priais que tu devines ma peine immense
« Je pars mon amour, quelles qu'en soient les conséquences… »

Aux hasards des rues

Un peu de toi et ces merveilles seraient un paradis,
Mais il n'y a que ton absence et mon âme perdue
Où que ce soit, je rêve que tu me suis
Et mon esprit te dessine aux hasards des rues.

Hélianthe

Tu caresses la mer d'huile
Tu offres les couleurs
Tu t'abrites derrière les nuages
Pour renaître derrière les montagnes
Tu es fidèle à tous les jours
Et tous les êtres te chérissent.

Les astres assoupis

Des funérailles de pacotille
Pour des mémoires salies
Il n’y a que le noir qui scintille
Auprès des astres assoupis
La nébuleuse est un chagrin
Une brume parfois dès le matin
Aux gloires des ardeurs de cœurs
Repose en paix, ici demeure.

L’incurieuse

Aux désirs de possession
Une fois acquis, voilà l’oubli
On acclame la donation
Mais sur l’étagère, demeure ainsi
Aux mains perdues, des incurieux
Voici l’habit, voici l’adieu.

Divines ablutions

Le déluge salue nos entrevues du désespoir
Et je ne te reconnais que sous la pluie
La lune charme ces longs soirs
Où je ne vois tes yeux que dans la nuit
Où je n'entends ta voix que sous l'orage
Qui gronde mon nom comme un présage.

Au soir où nous sommes fous, vient la pluie
Divines ablutions, qui lavent nos péchés et révèlent nos âmes.

Ton ombre

C’est mon corps, mais ton ombre
Qu’en plein jour ou pénombre
Me poursuit tel un spectre
Que je chéris, que je respecte
Car loin de me hanter, elle me complète.

Un lendemain sans remords

L'odeur des larmes
Un doux réconfort
Quand le cœur s'alarme
D'un lendemain sans remords.

Votre beauté

J'ai cherché en ce monde,
Votre beauté n'a d'égale
Je n'ai vu qu'en l'humain
Une laideur qui se pavane
J'ai cherché ardemment
Des courbes d'un cygne jusqu'aux ferveurs de la soutane
J'ai cherché tous les jours,
De la Corée à La Havane
Mais je dois admettre mon amour
Que nul ne peut prétendre une once de vos charmes
Alors je vous en supplie laissez-moi votre beauté
M'en délecter jusqu'aux lueurs de l'été
Et si à son solstice, je ne vous ai convaincu
Alors je vous laisserai et m'en retournerai vaincu
Mais votre souvenir adoucira jours et nuits
Qu'il me restera à passer dans cette vie
Alors pour cette vue, je vous remercie.

Les éternités lacunaires

On croit avoir vécu des éternités dont il ne reste rien
Les hommes sont des voiles qui épousent le vent tournant
Ce qui fait ta vie aujourd'hui n'est qu'un souvenir demain.

La migration

La vie était pour moi une migration
Le Maroc, un exil tant espéré de contemplation
Si le cœur devait demeurer derrière moi
Ignoré de tes yeux, rejeté de tes bras
J'emplirais mon âme des beautés africaines
Comme autant de lueurs pour apaiser ma peine
Que des mers de sable étendues sans ton nom
De plaisirs coupables, pour tromper l'abandon.

Le Caillou

Quand l'étranger devient familier
Quand là-bas devient ici
Quand « vous » devient « nous »
Qu'il est ardu de rentrer
Quitter ce beau Caillou.

Un homme formidable

C'est un géant de papier mâché
Un artefact de vanité,
Habitué aux honneurs
S'en voit pourtant dépourvu
On ne voit de lueur
Chez cet homme bien vêtu.

Il est conçu de vices et de vide
Il se nourrit de vos vies, avide
D'admiration
Il n'en ressent pas un clou
Sa surface est si lisse
Et son teint est si doux
Que nul ne verrait la malice
Derrière ses dramas jaloux.

Il ne s'adresse nullement aux autres
Dans ses sempiternelles séductions
Il ne sera jamais vôtre
Ce magnifique Apollon.

Le piège des hommes
L'hameçon, vos vies rêvées
Nulle vérité ne résonne
Au-delà de ses adorés.

Le portrait qu'il façonne
C'est vous qui l'avez imaginé
Nulle vérité ne résonne
Au-delà de ses lèvres chéries
Pour trop de femmes, épris.

C'est bien trop tard, que vous apercevrez
Derrière le sourire, les dents acérées
C'est bien trop proche, que vous verrez
À votre gorge, la blessure infligée.

Les vies d'avant

Elle a les yeux emplis des vies d'avant
Ses sens vibrent d'images pour moi inconnues
Le cœur pris dans ses rêves d'antan
Je l'observe dérober à sa vue.

Alors aveugle et sourd à son esprit
Dans ses songes, qu'on ne peut saisir
Je m'efforce de partager sa vie
De m'y fondre pour lui appartenir.

Six ans pour m'oublier

Tu dis qu'il faut six ans pour m'oublier
Quelques années de peine et une distance pour l'effacer
Des montagnes à gravir
Et des pluies de regrets
Des souvenirs à fuir
Quelques désirs distraits
Et des vides à remplir
Et des larmes à sécher
Mais quel est cet amour que le temps peut tuer ?

Sur du chopin

Comme une lame de fond
Toujours, elle revient
Balayant toutes les certitudes
Sur du chopin.

Nocturne

Après un verre à se conter l'absence
Tu me raccompagnais déjà
Et j'inventais des rues
Aux lignes infinies
Des détours aux avenues
Je t'avouais ensuite
La destination passée
Comment l'aurais-tu su
Toi qui ne voyais que moi
Et n'importait que ce voyage
Qui mélangeait nos pas
Puis un baiser volé
Dont tu as dit rêver.

Le mausolée

Tu as profané le cœur
Et revendiqué possession
Tu as ressuscité le malheur
Et provoqué mon aversion
Tu as déterré le tombeau
J'ai construit le Mausolée
Pour que nul de tes mots
Ne reviennent le hanter.

Tes mains

Rien ne semble hors de leur portée
Et je ne peux dire pourquoi, si belles
Rien ne semble leur échapper
Du piano, du râteau, à la pelle
Noircies par le labeur
Puissantes, si sûres d'elles
Elles ne comptent leurs heures
Et leur absence devient cruelle
Parfois si douces lorsqu'elles me prennent
Parfois si fortes quand elles m'entraînent
Surprenantes toujours
Lorsqu'elles se serrent la nuit
Qu'elles s'ouvrent le jour
Sur mes doigts engourdis
Quémandant leur amour.

Et du travail, jusqu'à mes reins
Qui peut donc résister à de si jolies mains ?

Dans un café

Un jour, dans un café, peut-être,
Je te parlerai de ces murs de silence
Un jour, dans ce pays, peut-être
Je t'expliquerai le choix de l'absence
Un jour, bientôt, peut-être,
Je te demanderai les raisons de ta violence
Un jour, lointain, peut-être,
Tu m'expliciteras ce qui fait sens
Dans ces mensonges où nous nous sommes perdus
Dans tes faux semblants pour sauver l'apparence
Dans tes filets, je me suis trouvée vaincue
Et par trop de patience
J'ai perdu l'âme
J'ai pris la mer
J'ai pris les rames
Et perdu la terre.

Un jour, dans un café, peut-être,
Je te pardonnerai.

L’été

Des soleils se couchent sur de plus beaux matins
Des paupières s’abaissent sur des peines passées
Et l’hiver se meurt
Puis viennent le printemps et l’été.

Espoir vain

Quand ton espoir est vain
Quand l'amour n'est plus qu'un souvenir
J'écoute encore Chopin
Et je maudis l'avenir.

Que prône la sagesse ?
D'enterrer les promesses ?
Je te hais comme je t'ai aimé
À ne plus en pouvoir, à m'étouffer.

Le mal est d'en savoir trop
Tout en tendant l'autre joue
Et comme dirait Cyrano
De toi, je me souviens de tout[2].

[2] Réplique de Cyrano de Bergerac à Roxane d'Edmond Rostand.

Le monde où nous avons séjourné

Nos âmes peuvent-elles devenir étrangères ?
Plonger nos êtres dans un profond hiver
Coupable d’avoir cru en tes mots
Et éprouvée plus qu’il n’en faut
Je récolte ton froid silence
Désormais, seul fruit de mes semences
Je cherche autour de moi hébétée
Sans reconnaître le monde où nous avons séjourné.

Le prolongement de mon âme

À jamais le seul être à faire battre mon cœur dans une autre tonalité
Le seul regard capable de figer le temps
Le seul souffle qui emporte les autres
Le prolongement de mon âme.

L’ignorance des bienheureux

Les mots délicatement déposés
Flattent les tympans des curieux
Dans les fracas entrecoupés
Des sots, de l’ignorance des bienheureux.

La vingtaine

La vingtaine s'use
Et les souvenirs sont à trier
Du temps qui nous abuse
Et la vie éreintée
Las, ne nous amuse
Et l'enchaînement saccadé
De nos nuits, de nos jours, fuse
Toujours accéléré.

Retenir l’espoir

Lorsque le soleil brille
Je ne peux retenir l’espoir
Si chaud qui scintille
Que ton amour ne puisse déchoir.

Tes apparitions

La folie prend ses marques
Quand la brise porte ton odeur
Cupidon bande son arc
Et m'apporte ta douceur
Il y a ton regard dans leurs yeux
Et ta voix dans leur bouche
Et mon cœur amoureux
Les supplie et les touche
Ne sois pas si furtif
Un instant de plus à tes apparitions
Tu demeures si passif
Qu'ils moquent mon imagination.

(Des) astres

Le soleil ne guérit pas
Il ouvre les fleurs
Mais ne les ferment pas
De même que les cœurs

Lui qui s'incline chaque soir
Devant les ténèbres et ses astres
Lui qui fuit ta froideur
Et plaint ce désastre.

Sous les arcades

Enfin je me suis promenée sous les arcades
Dont les piliers sont des troncs
Et la voûte un feuillage
Et enfin, contemplé cette image
Dans un miroir parfait aux ondulations subtiles
La présence des êtres
signalée par des ridules d'eau
Et plus haut dans le souffle clair d'un nouveau printemps,
Le chant des oiseaux.

Jusqu’à toi

Ce qui va jusqu’à toi
Le vent,
Avec lui les nuages
Mon odeur versatile
Ma voix mille fois étouffée
Dans l’incessant brouhaha
Des bienheureux qui t’entourent.

Ton éclat

Ce soir j'ai rendez-vous avec ton ombre
Il aura tes mots
Il aura tes regards
Il aura ton attention
Mais jamais ton éclat.

Vaine absurdité

Si tu ne m'aimes pas
Alors oui, la vie est vaine
Si je ne la passe dans tes bras
Alors oui, elle n'est que peine
Et je ne peux vivre d'absurdité
Laisse-moi croire que l'on va s'aimer.

Ta vérité

Oh étrange monde
Mes pensées qui te sondent
Ne peuvent atteindre ta vérité
Qu'aux fins fonds de tes terres immergées
Loin, tes yeux doux invisibles
Nous guident d'un pas paisible
Vers les tréfonds de tes mystères
Que l'on caresse de nos prières
Que l'on croit ou qu'on espère
On ne l'effleure du bout des doigts
Que lorsque je me trouve entre tes bras.

Mes sentiments pour toi

Le temps y est insensible
Et l'espace ne les érode pas
Ils dépassent de loin les possibles
Et m'asservissent à toi
La modération leur est étrangère
Le souvenir, un compagnon
Ils me font passer pour légère
Lorsqu'ils me poussent à chanter ton nom
Ils trompent ma solitude
En dessinant tes bras
Au fond ma seule certitude
Mes sentiments pour toi.

Ce rêve

Il y a ce rêve
Tu te penches sur mon cou
Il y a ton odeur
Puis tu m'égorges tout à coup.

Il y a ce rêve, je me souviens
Ton corps si proche du mien
Celui-là même que j'ai aimé
Courbé pour me tuer.

Déchue

Comme esclave autrefois reine
À genoux, je cherche l'oubli
C'est le constat qui fait la peine
Et la mémoire qui asservit.

De mon palais à mon trottoir
Il y a ta violence et ma fuite
Au lieu des souffrances siégeait l'espoir
La réalité a pris la suite.

À tes côtés

Le soir, je marche seule
J'imagine ta main touchant la mienne
J'imagine nos ombres confondues
Il n'y a qu'au regard des autres que je marche seule
Le soir, je marche à tes côtés.

Pour une idylle

Prenons ce bateau vers l'autre rive
Suivons nos cœurs à la dérive
Fuyons la terre pour une idylle
Pour une fois, joignons les îles
Et dans chaque rêve, je te retrouve
Devant une pyramide, au pied du Louvre.

Tristesse d’été

Tristesse infinie d’où viens-tu ?
Aux soirs chauds tu m’étreins violemment
Mon cœur se serre et devient impatient
Tristesse infinie d’où viens-tu ?
Des cauchemars du passé ?
Des angoisses de demain
Dans les nuits moites de l’été
Dis-moi d’où cela vient ?
Est-ce le vide des absents ?
Ou les avenirs qui fuient ?
Est-ce la multitude des amants ?
En lesquels on s’oublie ?
Tristesse infinie d’où viens-tu ?
Je suffoque quand tu m’affliges
Et les incompréhensions que tu figes
Distendent le cœur et l’esprit
Ne me laissant aucun répit.

Romance

Es-tu le supplicié de notre amour ?
Est-ce que je hante chaque lieu de ton parcours ?
Est-ce que je fais naître tes pensées, puis je les broie ?
Est-ce que du matin jusqu'au soir, tu penses à moi ?
Sur une falaise, tu vois la mort
Ton corps rongé par les remords
Tu vois, moi aussi j'y pense encore
À tes mensonges, à tes promesses
À ton mépris, à ton ivresse
Paie le prix de ma souffrance
Pour que l'on puisse parler « romance ».

Mon baiser sur ton cœur

Je voudrais que tu te souviennes
Nous avons marché côte à côte
Je voudrais que ça te revienne
Les ravins desquels on saute
Pour deux trois pas tirés au sort
Des chemins beaux aux pavés d'or.

Sur terre, pour chaque homme une trace
Et pour moi, que ne s'efface
Mon baiser sur ton cœur.

Essence

Dans tes yeux
De bleu qui crépitent
La promesse d'un avenir heureux
Est écrite
Et le long de tes doigts infinis
S'écoule Tendresse comme par magie
Où tu poses ton regard, l'air s'apaise
Et l'harmonie se fige dans la glaise
Tes mots pansent les plaies du monde
Et ta présence à chaque seconde
Rend à la vie son bon sens
Replaçant l'amour comme Essence.

Posé sur toi

Ce que je pose sur toi
Des baisers tendres et délicats
Et puis des espoirs et des promesses
des joies et de la liesse
Des éclaircies et peu de pluie
Des étreintes durant des nuits
Ce que je pose sur toi
C'est mon cœur
sur ton cœur
et mon corps dans tes bras.

Ce que l'amour peut faire

Et si tu avais perdu ton cœur
Aurais-tu traversé le monde ?
Rongé par ton malheur
Aurais-tu cherché ta tombe ?
Il y a des nuages qui s'attardent
Et des pluies infinies
Les étoiles sont bien loin
Pour les cœurs épris.

Ta verve est-elle toujours fertile
Et de ta plume d'or
Coule-t-elle gracile
Mes portraits aux aurores ?

Laisse-moi construire mes temples
Laisse-moi choisir mes pierres
Dresser d'immaculés exemples
De ce que l'amour peut faire.

Prades

N’y a-t-il que roses et lauriers à peupler ce village ?
Et seul le soleil, à rendre hommage
Et la neige les couvrir
Et le ciel les flatter
Glacer pour ne brunir
Piéger leur éternelle beauté.

Le drapeau blanc surplombe si haut
Que seul n’atteint le chant des oiseaux
On n’imagine pas un ennemi
Froisser le temple des insoumis.

N’y a-t-il que des sourires,
À peupler ton visage
Des baisers les couvrir
Électrique image.

Vendanges

C'était hier
Toi si proche
Les vignes filtrent le soleil.

C'était hier,
Ton corps en approche
Le sucré des merveilles.

C'était hier
Les regards qui s'accrochent
Les nuits sans sommeil.

C'était hier
Le cœur en double croche
Et l'idylle qui s'éveille.

Le seuil du paradis

Possède-moi, toute une nuit
Possède-moi, encore aujourd'hui
Fais de tes doigts interminables
Mon oubli, mon refuge idéal
Couvre de tes mains, mon petit corps
Pour qu'au matin, je hurle encore
Fais le tour de mon visage
Comme on contemple un paysage.

Et la nuit nous appartient
Bien qu'elle nous échappe chaque matin
Et je refuse de fermer l'œil
Tant que je perçois là le seuil
D'un paradis, d'un au-delà
Encore une fois, possède-moi !

Les ombres dissipées

Laisse-moi te connaître
Avant de juste, disparaître
Laisse-moi, te comprendre
Avant que l'on ne puisse se méprendre
Laisse-moi t'approcher
Avant les ombres dissipées.

Monsieur

Monsieur n'insistez pas
Si mon cœur ne le veut
Quelle valeur à mes yeux
Vos appâts si nombreux
N'atteindront point mes bras.

Monsieur ne me regardez pas
D'être pleine, mes lèvres sont-elles malheureuses ?
Ou ma moue un peu trop dédaigneuse
Vous transporte dans mes draps
Non Monsieur ! Ne me rêvez pas.

Assourdis

Que sont mes paroles ?
Si mes traits vous assourdissent
Quand bien même folle
Vous y trouveriez quelques délices
L'enveloppe mange-t-elle la lettre
Quand un joli corps effacerait tout mon être
J'ai tant de choses à vous dire
Mais votre vue dévore votre ouïe
Comment vous décrire
L'espace immense de mon ennui ?

Flocon

Candeur blanche, un brin souillée
Par quelques pas d'un égaré
Splendeur blanche, de froid, grisée
Tu t'offres à moi tel un baiser.

Je t'attends

Je cherche où tu n'es pas
Dans tous les paysages
Quelques traits d'un visage
Je cherche où tu n'es plus
Dans un souvenir un peu perdu
Sous les palmiers où dans la neige
Comme un damné et ses arpèges
Je te cherche les jours de pluie
Si par hasard tu oublies
Que je t'attends là, immobile
Malgré les menaces du vent, bien audibles
Je t'attends là, immobile
Ne m'oublie pas les jours de pluie
Ne m'oublie pas les jours de vent
Et pour une vie
Rien que comme avant.

Un temps

Sans mémoire, la douleur ne dure qu'un instant
La cicatrice est un dessin
Les hurlements n'ont pas de son
De vivre est enfantin
Les jours sans horizon
Et le passé n'est qu'un temps.

Les hommes à travers toi

Je ne t'aime pas
Mais les hommes à travers toi
Je t'aime en ce que tu lui ressembles
Quand tu avances et que tu trembles
J'aime ces regards, j'aime ces caresses
Et ces petits mots que tu m'adresses
J'aime ta crainte quand tu m'abordes
J'aime ce fougueux désir qui déborde
Les longs silences, de ta détresse
Et la violence de ta tendresse.

Laisse-moi le voir à travers toi
Les yeux clos, sentir ses bras.

Laisse-moi rêver, dans mon ivresse
Laisse ma folie, qu'elle n'ait de cesse.

Mais tu n'es pas lui
Et au réveil, je m'enfuis.

Les petits bouts de toi

J'aime ce qui en toi
Lui ressemble
Ces petits bouts-là
Dans ton ensemble.

J'aime tous ces petits bouts de toi
Qui sont de lui
Toutes ces petites fois
Où je le vois aussi.

Comme des paillettes d'or sur ta statue
Qui n'ont de cesse de flatter ta vue.

Étreinte risible

Tu as été une brève parenthèse d'espoir
L'opium de mon délire
Une folie qui dure un soir
Dont on ne manque d'en rire
Au soulèvement des paupières
L'achèvement d'une torpeur difficile
Lorsque la lumière est trop claire
Et que la réalité devient plus docile.

Adieu mon partenaire
D'une étreinte risible
Que les yeux clos, je suis sincère
Tu n'as été pour moi qu'un exil.

Tes mots

Tes mots portent en eux mon univers
Une simple syllabe le renverse
Quand ta voix suave le traverse.

Je ne puis m'en défaire
Et bien longtemps après qu'ils résonnent
Ils me portent ou bien me sonnent…

Une moitié

Et s'il t'en restait la moitié
De tes souvenirs, de tes promesses
De ta candeur, de notre jeunesse
Et s'il t'en restait la moitié
De notre folie, de notre passion
De nos rêves, nos horizons
Et s'il t'en restait la moitié
Une moitié du cœur
Une moitié de nous
Alors je m'en contenterais.

Sans colère

Le matin est léger
Mais les nuits solitaires
Car je vais t'aimer
Et ton absence est sans colère.

Je n'ai de larmes que pour toi
Le reste n'est qu'humaine misère
Car l'espace est étroit
Pour une barque sans rivière.

Que le vent est cruel
Lorsqu'il emporte nos rêves d'enfant
Mais qu'importe les ritournelles
Lorsque tu te tenais droit devant.

Je retrouverai nos couleurs
Comme un forcené sans relâche
J'ai séché, toutes nos fleurs
Pour toi où que tu te caches.

L'impossible bonheur

S'il y avait des peines qui nécessitaient plus d'une vie pour pardonner ?
Si tu n'étais plus que ton pauvre malheur
Et moi ton terrible bourreau personnifié.

Si une seule fois, battent les cœurs
Et le reste de la vie, se résigner
Pour un manquement, pour une erreur
Se priver chaque instant, d'un possible bonheur.

Ma prière

Chaque mot porte en lui ma prière
On ne vit qu'à poursuivre la lumière
Comment est-ce possible, lorsqu'on l'a laissée derrière
De demeurer un instant de plus, à distance du cimetière.

Ton prénom

Ton prénom contient ma vie
Tes yeux, mes rêves
Un instant sans toi me salit
Et seule la mort offre une trêve.

Nos mélodies

Les cordes manquent à mes doigts
Comme les mélodies à nos souvenirs
Car il fait déjà trop froid
Pour espérer guérir.

Endormie

Mon être s'endort
Il s'ennuie de toi
Qu'il respire à tort
Quand tu n'es pas là.

La courbure des arbres

Beau comme un sourire ayant vaincu les larmes
Marqué comme le vent sur la courbure des arbres
Magnifique dans sa résistance aux éléments
Aux jours qui n'ont rien de clément…

Naufragés des quotidiens

Échappées d'une existence
Aux naufragés des quotidiens
Bras le corps des insouciances
Et des mélos, des musiciens
Au repos soldat des jours
Héros des nuits
Pause séjour
Aux insomnies.

Cœur immobile

Le vent porte tout sauf mon cœur immobile
Quelles raisons souveraines le rendent inaccessible
Au milieu des souffles insensés, indomptables
Quand tout pris de court, demeure immuable
Seul le mien échappe à la course ?
Où le tien file comme les sources ?
Quelles forces inhumaines te poussent à résister ?
La douleur éternelle se fait-elle désirer ?
Quelle chimère tragique poursuit-on ?
Quand nos cris sont privés de leur son.

Le poids du monde

Ami, vois mon fardeau !
Si Atlas porte le monde
Le poids de mes regrets pèse davantage.

Ami, vois mon fardeau !
Et si le jour je ne tombe
Tu me crois forte et sage.

Ami, vois mon fardeau !
Il me semble vêtir, les peines d'Atlas et de Sysyphe
Aide-moi à gravir le plus haut des massifs
Et à son sommet, déverser mes remords dans les flots.

Mon étranger

Es-tu un étranger ?
Toi qui tenais ma main
As-tu pu tant changer ?
Jusqu'à rompre nos liens.

Me reconnaîtras-tu ?
Après l'éternité
Que je n'ai point voulu
Que tu m'as imposée.

Donne-moi un instant,
À l'aube du lendemain
Que mon cœur puisse un temps
Chérir le matin.

Vois la lune nous couver
Prête-lui nos rêves fous
Vois les astres soudoyer
Hélios de rester dans son trou
Et ainsi pourrions-nous
Demeurer assoupis, loin de tout.

Parenthèse étoilée

C'est l'histoire d'une nuit unique
Une nuit sans aube
D'étoiles qui minaudent
Et d'une lune exquise, hérétique,
C'est l'histoire d'une parenthèse
qui ne connaît le temps
Mais qui l'apaise
Qui annonce son départ
Avant son arrivée
Qui pourtant se couche tard
Et ne veut se lever
C'est l'histoire courte de ceux qui se croisent
Ils se rencontrent à peine
Mais ils se toisent
Et si rien ne les freine
Ils s'apprivoisent
Si les mots les gênent
Ils les remplacent
Par une fête des sens,
Ils s'enlacent/s'en lassent.

L’éclipse

C’est le cliquetis du loquet de la porte
Suivi de douleurs lancinantes et fortes
Qui m’annonce que tu es parti
Et tes pas qui s’éloignent, l’agonie
Qui s’avance quand tu recules
Puis, c’est l’esprit qui bascule
Mes sens cherchent à assouvir
Le puits sans fond de tes désirs
Il n’y a plus que l’obsession
De te chercher sur tous les fronts
Une odeur, une image, un souvenir
Et mon être chavire.

Comme le soleil qui s’éclipse laisse un ciel sombre
Avide de lumière,
Me voici devenue ton ombre.

Inaudibles échos

Si je n'ai plus de mots
C'est que tu ne les entends plus
Muets, inaudibles échos
Au destinataire perdu
La lettre est morte
Et l'encre figée
À quoi sert de crier de la sorte
À ta sourde oreille bien-aimée ?

Le cœur épris

Je déplore le drame du cœur toujours pris
Par un amant, par un ami
Par un doute, par un souci
Par le vent et par l'ennui
Qui ne connaît jachère
Et à ce prix
Rend stérile sa terre.

Le scaphandrier

Parfois, je redescends
Et je sens l'ivresse des profondeurs
S'emparer de mes sens
S'emparer de mon cœur
Quand l'oxygène vient à manquer
Dans ce désert sans fond
C'est toi qui viens me hanter
Je subis la pression
Nul ne peut crier
Les abîmes sont muets
Il faudrait remonter
Mais l'enfer à ses charmes
Quand la mer prend tes traits
Et ainsi me désarme
L'océan est ma paix
Et la surface m'alarme
Car elle ne te connaît
Et l'insensible reste lisse et l'horizon ne se déplace.

L’ombre de toi

Tout ce que l’on devine
Est plus beau que ce que l’on voit
Et tout ce qui me fascine
N’est que l’ombre de toi.

La part de l’ange

Tu étais mon invitation sur l’Olympe
Mon expérience du divin,
Mais je n’ai su comment on grimpe
Et je te vois briller de loin
Je suis ton faisceau lumineux
Sans en approcher la chaleur
Car je convoite les bienheureux
Sans pour autant chasser la peur.

Un repos en ton cœur

Je veux que tu m'entendes
Qu'où que tu sois
Ma voix résonne
Que la brise te l'apporte
Des alizés au mistral
Comme un écho, de proche en proche
Qui tourne et qui voyage
Et qui n'a pour destination finale
Qu'un repos en ton cœur.

Avoir vent de toi

Parfois il y a un courant chaud venant des profondeurs
Ou est-ce un souffle qui porte cette douceur ?
Quelques images anodines, un son ou une odeur
Plus l'image est belle
Le son mélodieux
Et l'odeur, éden
Plus les entrailles se serrent
Et se ferment aux cieux
Plus l'image est belle
Plus grande est la peine.

Le quai vide

Lettre morte, au destinataire inconnu
Que le vent emporte, sans être retenue
Est-ce un départ si sur le quai
Je ne te vois nulle part aux aguets ?

Au soir de mon dernier jour

Une vie ne suffira à guérir
De toi, de ta peau, de ta voix
De nos rires à nos joies
Je vois nos horizons s'obscurcir
Je ne connais mélancolie
Quand comptant nos récits
Cet amour est trop ambitieux pour mourir
Et si au soir de mon dernier jour
Tu n'es pas là mon amour
Alors je dirai que la vie est vaine
Qu'on ne vit que de peines
Que l'amour est la haine
Qui à travers le malheur nous traîne
D'un jour à l'autre meurtris
Sous la poussière et nos insomnies
Qu'elle nous rend fous des maladies
Que sont l'espoir puis la nostalgie.

Mais tiens-moi la main face à la mort
Et je la moquerai haut et fort !

Enfant de la colère

Née de la violence
Enfant de la colère
Mais gare aux imprudences
Je suis un être de chair
Plus de larmes que de sang
Même le plus jeune n'est innocent
Dans le monde du silence
Où seule l'injustice ne dément
Oh syndrome de Stockholm !
Et de là, le tragique
En offrant un cœur pacifique
Ils conjurent ma fin
Me voilà noyée dans ce verre plein.

L’erreur

Le doute ne survient que face à l’erreur
Et Dieu que tu doutes quand tu nous leurres
L’éclatante évidence, un souvenir heureux
Du temps, où nous allions par deux.

Le doute qui ronge
Et qui nous plonge
Dans les méandres, réminiscences
De l’intellect sur les sens
Du dialecte sur les gestes
Et le silence comme du lest.

Parfum d’Italie

Oh doux parfum de l’Italie !
Aux saveurs immenses
Du voyageur démuni
Devant le paradis en transe
Entre le Vésuve et Capri
Ou de la porte de Florence
Qui donc ne serait surpris
Devant la beauté pure des sens ?

Au pèlerinage de nos adieux

Je me souviens de tous nos au revoir
Pour un temps, variables mais toujours douloureux
Je me rappelle des illusoires
Je me souviens des langoureux.
Tous ces espaces sont les nôtres
Et je ferai du reste de ma vie, leur pèlerinage.

La vie du doute

Entre la crainte et l'espoir, l'acrobate
Entre le jour et le soir, le primate
Se balance entre ses doutes
Qu'il haït, mais qu'ils l'envoûtent
Entre notre vie et notre rêve
Bien souvent, seul, le courage
Accepte ou non, le risque du voyage.

Un cœur loyal

Pardonne un cœur trop loyal
Qui ne répond que d'un maître
Une vision bien trop focale
Qui ne perçoit qu'un seul être
Un triste chien, bien trop docile
Prêt à mourir sur une tombe
Qui ne comprend, bien que facile
Le néant des catacombes.

Pardonne l'impossible rémission
De ce qui créé pour toi,
Erre à l'abandon
Perdu loin de son toit
Dans un désert sans horizon
Ne survivant que par devoir
Depuis ta défection,
Fidèle à ta mémoire.

Parce que c'était toi[3]

Il y avait des chagrins plus lourds que moi
Mais toujours le réconfort de ta main
Il y avait des nuits blanches et de mauvais matins
Mais toujours nos cœurs voisins.

[3] Référence à l'amitié entre Montaigne et La Boétie.

Le temps n'existe pas

À nos heures perdues
À nos heures trouvées
Au temps suspendu
À celui, arrêté.

L'homme comptabilise son angoisse
Par des bribes de mémoires
L'homme décompte ses aubes qui décroissent
Par son concept du temps, illusoire.

Une émotion de toi

Et de nouveau versée vers les abymes
Une émotion de toi
Celle qui écharne, qui abîme
Les entrailles des rois.

Ceux qui pensaient réussir l'examen de conscience
Doux et paisible reposant sur leur science
Et qui dans leur vanité chavire
Pour se fondre lamentablement en ton empire.

Il a suffi d'une braise sur un corps fumant
Pour ressentir le feu qui un jour ardant
A rendu les piments fades et les cœurs noir de jais
Que dis-je seulement son ombre suffisait
À lacérer les tripes et occire le présent.

Le souvenir

Qu'est-ce qu'un souvenir
S'il n'est partagé
Et qu'est-ce à retenir
Quand les gardiens égarés.

Qu'une vie à écrire
Ou une vie à créer.

Aux souvenirs que l'on se donne
Pour mieux s'abandonner.

À ceux que tu m'offres
Pour mieux te pleurer.

Et à ceux que tu me voles
Pour mieux s'annihiler.

Ils me parlent des maladies
Qui peuvent faire qu'on les oublie
Les maux qui peuplent la vieillesse
Qui écrase les peines et les liesses.

Mais sans eux, qu'est-ce que la vie ?
Elle qui sans toi, finie.

Étoile filante

Tu te décroches des cieux
Brillante larme de l'Olympe
En compassion des Dieux
Qui, les hommes requimpent
Par ta pluie fine et dorée
Capturant les secrets vœux
Dans les astres de Persée.

Face à face

Les astres se firent face
L'argent et l'or mélangés
Dans ce luxueux palace
Des débuts de l'été.

Et les planètes pleines
Se passaient le relais
À qui bercera nos peines
Qui pansera nos plaies ?

Dans un ciel furieux
Toutes les deux veillaient
À nos chagrins précieux
Et à nos moments gais.

Et en ce décor éclatant
Silencieuses, se disputaient
La garde dès maintenant
Et des jours d'après.

Ton pays

Je suis la montagne endormie
Lovée dans ce linceul où tu oublies
Mes vertigineuses formes sous des nuages
Les autrefois si familiers et heureux paysages
De ton glorieux pays.

La brume douce a raison de mes traits
Et au détour de mes virages
Voici que disparaît
Le bien aimé visage
De mes lacs et forêts.

La source de Pégase

Du cheval ailé, créature divine
À ta monture servile
Il n'y a qu'une injonction de toi
Et une servitude volontaire[4].

De l'étoile ardente qui te fascine
Au devoir zélé et vil
Il n'y a qu'un mot de toi
Et une vie pour te plaire.

D'un coup de sabot, Hippocrène
Jaillissant sur les monts près d'Athènes
Désaltère les filles de Mnémosyne
Et libère son flot dans nos comptines.

La plus belle mémoire
Par les astres, gardée
Ne craint plus tes déboires
Et tes paroles manquées.

Elle chérit en son sein
Les couleurs et les sons
De nos plus beaux matins
Et de nos déraisons.

---

[4] Référence au *Discours de la servitude volontaire* d'Étienne de La Boétie.

Si ces pages vous ont touché, n'hésitez pas à poursuivre l'aventure poétique en nous rejoignant sur Instagram. Pour cela, il suffit de scanner le QR code ci-dessous.

Table des matières

Imprimé en Allemagne
Achevé d'imprimer en janvier 2024
Dépôt légal : janvier 2024

Pour

Le Lys Bleu Éditions
40, rue du Louvre
75001 Paris